LES FORÇATS DE LA ROUTE

TOUR DE FRANCE, TOUR DE SOUFFRANCE

ALBERT LONDRES

FV ÉDITIONS

TABLE DES MATIÈRES

Le Havre, 22 juin 1924	1
Les frères Pélissier et Ville abandonnent. Beeckman gagne la troisième étape.	9
Dans la poussière, de Brest aux Sables-d'Olonne	15
Ils ont dormi entre Les Sables et Bayonne…	23
Les coureurs du Tour à l'assaut des Pyrénées. Bottecchia vainqueur	30
La septième étape du Tour de France	34
Un accident à la huitième étape du Tour de France. Mothat gagne l'étape. Bottecchia toujours en tête du classement général	39
Dans les coulisses du Tour	42
Sur le Tour de France. Dix millions de Français sont en folie	48
Ceux de la onzième…Le Luxembourgeois Frantz gagne Briançon-Gex	52
De Metz à Dunkerque, sous la pluie, contre le vent. Bellenger, vainqueur de l'étape	59
Partis plus de cent cinquante, ils reviennent soixante !…	64

LE HAVRE, 22 JUIN 1924

Hier, ils dînaient encore à onze heures et demie du soir, dans un restaurant de la porte Maillot ; on aurait juré une fête vénitienne car ces hommes, avec leurs maillots bariolés, ressemblaient de loin à des lampions.

Puis ils burent un dernier coup. Cela fait, ils se levèrent et voulurent sortir, mais la foule les porta en triomphe. Il s'agit des coureurs cyclistes partant pour le Tour de France.

Pour mon compte, je pris, à une heure du matin, le chemin d'Argenteuil. Des « messieurs » et des « dames » pédalaient dans la nuit : je n'aurais jamais supposé qu'il *y* eût tant de bicyclettes dans le département de la Seine.

Comme le tram « 63 » voulait faire son métier de tram, c'est-à-dire conduire sa clientèle à Bezons-

Grand-Cerf, les « messieurs » et les « dames » l'arrêtèrent, en lui criant :

– Place ! Ils arrivent !

Les coureurs arrivaient en effet : ils se rendaient à Argenteuil pour prendre le départ.

Bientôt, la banlieue s'anima : les fenêtres étaient agrémentées de spectateurs en toilette de nuit, les carrefours grouillaient d'impatients, de vieilles dames, qui d'ordinaire doivent se coucher avec le soleil, attendaient devant leur porte, assises sur des chaises, et si je ne vis pas d'enfants à la mamelle, c'est certainement que la nuit me les cachait.

– Regarde ces cuisses ! criait la foule, ça c'est des cuisses !

Les coureurs arrivèrent dans un sous-bois ; là, on attendit une heure.

– Est-ce qu'on part ? demanda l'un, très en colère.

Mais un autre :

– À quoi bon s'énerver ?

Un commissaire fit l'appel des cent cinquante-sept noms. Les Français répondaient : « Présent », les Italiens : « Présente ».

Et ce que les Flamands disaient, je ne l'ai pas compris.

Alors, le commissaire lâcha :

– Allez !

De la foule, une petite voix de femme cria :

— Bonne chance, Tiberghien !

Et cent cinquante-sept hommes prirent la route.

Un quart d'heure plus tard, j'aperçus le numéro 223 qui changeait un pneu sur un trottoir. C'était le premier guignard. J'arrêtai ma Renault.

— Eh bien ! lui dis-je, vous n'êtes pas verni ?

Il me répondit :

— Il faut bien qu'il y en ait un qui commence.

Mais soudain montèrent des cris de : « Fumier ! Nouveau riche ! » et « Triple bande d'andouilles ! »

Je fus obligé de constater que, quoique étant seul, la triple bande d'andouilles n'était autre que moi. Alors je vis que j'avais interrompu la marche de tout un peuple passionné qui suivait les coureurs d'un pas olympique.

Il faisait encore nuit, nous roulions depuis une heure et, cette fois, tout le long d'un bois que nous traversions, de grands feux de sauvages s'élevaient. On aurait cru des tribus venant d'apprendre la présence d'un tigre dans le voisinage : c'étaient des Parisiens qui, devant ces braseros, attendaient le passage des « géants de la route ». À la lisière du bois, il y avait une dame grelottant dans son manteau de petit gris et un gentleman en chapeau claque. Il était trois heures trente-cinq du matin.

Le jour se lève et permet de voir clairement que, cette nuit, les Français ne sont pas couchés ; toute la province est sur les portes et en bigoudis.

Les coureurs rament toujours. Le numéro 307 est le premier qui se ressente d'inquiétudes de l'estomac. Il tire une miche d'une besace à lie de vin et dévore à grandes dents.

– Mange pas de pain ! lui crie un initié, ça gonfle, mange du riz !

Mais voilà qu'une garde-barrière coupe le peloton en deux : un train arrive. Cinq gars qui n'ont pu passer sautent à terre, empoignent leur machine et traversent la voie, devant la locomotive qui les frôle. La garde-barrière pousse un cri d'effroi… Les gars, déjà remis en selle, poussent sur leurs pédales.

Montdidier, arrêt, ravitaillement. Je m'approche du buffet. Je croyais que les géants allaient manger en paix et m'offrir un morceau… J'étais jeune… Ils foncent sur des sacs tout préparés, se jettent sur des bols de thé, m'écrasent les pieds, me pressent les flancs, crachent sur mon beau manteau et décampent…

Ils ne font pas le Tour de France pour se promener, ainsi que j'aimais à l'imaginer, mais pour courir. Ils courent aujourd'hui jusqu'au Havre, sans vouloir respirer, tout comme s'ils y allaient quérir le médecin pour leur mère en grand danger de mort.

À Berthaucourt, je vois le premier géant couché sur le dos, au bord de la route. Si je ne vous dis pas son numéro, c'est que, justement, il le porte sur le dos. Celui-là a déjà son compte !

Flixecourt, la première côte. Puisque nous sommes aujourd'hui au premier jour, je tiens à vous présenter toutes les premières choses.

Pour me venger du coup du buffet, je les ai dépassés et je les attends, non sans quelque petit sourire, au sommet de la rampe. Ils m'ont « eu » une fois de plus : si je n'ai rien avalé, eux ont avalé… la côte d'un seul coup.

Amiens : voici les élèves d'un lycée officiellement conduits par leurs pions. Où vont-ils de si grand matin ? Ils viennent voir passer le « Tour de France ».

— Vas-y, Henri !… Vas-y, Francis !… Il s'agit des Pélissier ; ils sont des rois ! On les appelle comme les rois, par le petit nom.

— Vas-y, gars Jean !… C'est Alavoine.

— Vas-y, Otavio !… C'est Bottecchia.

— Thys ! Thys ! Hardi !

— Vas-y, « la pomme ! »…

« La pomme », c'est Dhers.

On ne pourra pas dire que les lycéens français ne sont pas prêts pour les examens de fin d'année…

Abbeville. Là est un contrôle, mais le commissaire le supprime : ils ne signeront pas.

— On ne signe pas, leur crie le commissaire.

Les gars repartent, rapides, avec un sourire, comme s'ils en étaient à une minute près.

Mais le 247 est à pied ; il n'a plus de boyau.

— J'en ai crevé cinq, dit-il, cinq !... Je n'ai plus de boyau !

Alors, le marchand de cycles du 90 de la rue Saint-Vulfran lui donne un boyau. Le 247 file sans payer : c'est régulier. Je veux en faire autant pour mes huit bidons d'essence, mais il paraît que je ne fais pas partie du grand jeu de la route et le marchand de cycles exige son argent, c'est-à-dire le mien.

Le Tréport, Dieppe. Là, ils doivent signer. Une dame, au contrôle, tient le crayon. La chère créature ! Elle ne sait pas ce qui l'attend. Ils signent : je veux dire qu'ils griffent la main de la dame et la dame les regarde se sauver, tout effarée.

Entre Dieppe et Fécamp, rien à signaler, qu'une tente dressée dans un champ. De cette tente élégante, plantée cette nuit pour la circonstance, sort une tête, un petit museau de femme mal éveillée : elle avait trouvé le moyen de ne pas manquer le spectacle.

Mais de Fécamp au Havre, le lot s'est épuré et l'effort que font ces hommes n'est plus sans souffrance. Beaucoup montent « en danseuse », autrement dit, en se dandinant sur leur selle comme des pingouins. Le 256 marche comme un canard écœuré ; Mottiat, Alavoine, Défraye crèvent et crèvent encore.

– La poisse !... crie Alavoine. J'ai crevé cinq fois !

Il remet ça tout de même. Frantz le Luxembourgeois crève comme les autres ; Lambot crève ; Mottiat crève ; « la pomme » crève. Une partie de la route est goudronnée ; la poussière de goudron brûle leurs yeux ; ils mettent leurs lunettes, ils les enlèvent ; ils ne savent de quelle façon ils souffrent le moins.

D'une voiture, on crie à Lœw :

– Ça va ?

Lœw a découvert complètement ses dents, ce qui l'aide sans doute ; il répond :

– Ns ? ? ouich ! ! Ns ? ? ouich ! !

Muller est coincé entre une auto et le talus. Il tombe. Les silex ont déchiré ses cuisses ; il se fiche de ses cuisses, redresse sa roue.

Bottecchia qui avait du retard revient. Bottecchia a le nez le plus pointu de tout le lot ; il fend l'air.

Les casquettes, blanches au départ, sont maintenant délavées, tachées, rougies ; elles ont l'air, sur le front de ces hommes, de pansements de blessés de guerre.

Dans le peloton des meilleurs, c'est la poursuite ; de grosses voitures peinent à les suivre. Tout le Havre est sur cinq kilomètres de route. On entend crier par mille voix :

– Bottecchia ! Henri ! Francis !

C'est Bottecchia qui, en pleine ville, donne le dernier coup de jarret vainqueur, et le second est Ville, dit Jésus, dit Pactole.

Le Petit Parisien, 23 juin 1924

LES FRÈRES PÉLISSIER ET VILLE ABANDONNENT. BEECKMAN GAGNE LA TROISIÈME ÉTAPE.

Coutances, 27 juin 1924

Ce matin, nous avions précédé le peloton...
Nous étions à Granville et six heures sonnaient. Des coureurs, soudain, défilèrent. Aussitôt la foule, sûre de son affaire, cria :
– Henri ! Francis !
Henri et Francis n'étaient pas dans le lot. On attendit. Les deux catégories passées, les « ténébreux » passés – les « ténébreux » sont les touristes-routiers, des petits gars courageux, qui ne font pas partie des riches maisons de cycles, ceux qui n'ont pas de « boyaux », mais ont du cœur au ventre –, ni Henri ni Francis ne paraissaient.
La nouvelle parvint : les Pélissier ont abandonné. Nous retournons à la Renault et, sans pitié

pour les pneus, remontons sur Cherbourg. Les Pélissier valent bien un train de pneus...

Coutances. Une compagnie de gosses discute le coup.

– Avez-vous vu les Pélissier ?

– Même que je les ai touchés, répond un morveux.

– Tu sais où ils sont ?...

– Au café de la Gare. Tout le monde y est.

Tout le monde y était ! Il faut jouer des coudes pour entrer chez le « bistro ». Cette foule est silencieuse. Elle ne dit rien, mais regarde, bouche béante, vers le fond de la salle. Trois maillots sont installés devant trois bols de chocolat. C'est Henri, Francis, et le troisième n'est autre que le second, je veux dire Ville, arrivé second au Havre et à Cherbourg.

– Un coup de tête ?

– Non, dit Henri. Seulement, on n'est pas des chiens...

– Que s'est-il passé ?

– Question de bottes ou plutôt question de maillots ! Ce matin, à Cherbourg, un commissaire s'approche de moi et, sans rien me dire, relève mon maillot. Il s'assurait que je n'avais pas deux maillots. Que diriez-vous, si je soulevais votre veste pour voir si vous avez bien une chemise blanche ? Je n'aime pas ces manières, voilà tout.

– Qu'est-ce que cela pouvait lui faire que vous ayez deux maillots ?

– Je pourrais en avoir quinze, mais je n'ai pas le droit de partir avec deux et d'arriver avec un.

– Pourquoi ?

– C'est le règlement. Il ne faut pas seulement courir comme des brutes, mais geler ou étouffer. Ça fait également partie du sport, paraît-il. Alors je suis allé trouver Desgranges :

– Je n'ai pas le droit de jeter mon maillot sur la route alors ?...

– Non, vous ne pouvez pas jeter le matériel de la maison...

– Il n'est pas à la maison, il est à moi...

– Je ne discute pas dans la rue...

– Si vous ne discutez pas dans la rue, je vais me recoucher...

– On arrangera cela à Brest...

– À Brest, ce sera tout arrangé, parce que je passerai la main avant... Et j'ai passé la main !

– Et votre frère ?

– Mon frère est mon frère. Pas, Francis ?

Et ils s'embrassent par-dessus leur chocolat.

– Francis roulait déjà, j'ai rejoint le peloton et dit : « Viens, Francis ! On plaque. »

– Et cela tombait comme du beurre frais sur une tartine, dit Francis, car, justement ce matin, j'avais mal au ventre, et je ne me sentais pas nerveux...

— Et vous, Ville ?

— Moi, répond Ville, qui rit comme un bon bébé, ils m'ont trouvé en détresse sur la route. J'ai « les rotules en os de mort ».

Les Pélissier n'ont pas que des jambes ils ont une tête et, dans cette tête, du jugement.

— Vous n'avez pas idée de ce qu'est le Tour de France, dit Henri, c'est un calvaire. Et encore, le chemin de Croix n'avait que quatorze stations, tandis que le nôtre en compte quinze. Nous souffrons du départ à l'arrivée. Voulez-vous voir comment nous marchons ? Tenez...

De son sac, il sort une fiole :

— Ça, c'est de la cocaïne pour les yeux, ça c'est du chloroforme pour les gencives...

— Ça, dit Ville, vidant aussi sa musette, c'est de la pommade pour me chauffer les genoux.

— Et des pilules ? Voulez-vous voir des pilules ? Tenez, voilà des pilules.

Ils en sortent trois boîtes chacun.

— Bref ! dit Francis, nous marchons à la « dynamite ».

Henri reprend :

— Vous ne nous avez pas encore vus au bain à l'arrivée. Payez-vous cette séance. La boue ôtée, nous sommes blancs comme des suaires, la diarrhée nous vide, on tourne de l'œil dans l'eau. Le soir, à notre chambre, on danse la gigue, comme saint

Guy, au lieu de dormir. Regardez nos lacets, ils sont en cuir. Eh bien ! ils ne tiennent pas toujours, ils se rompent, et c'est du cuir tanné, du moins on le suppose... Pensez ce que devient notre peau ! Quand nous descendons de machine, on passe à travers nos chaussettes, à travers notre culotte, plus rien ne nous tient au corps...

— Et la viande de notre corps, dit Francis, ne tient plus à notre squelette...

— Et les ongles des pieds, dit Henri, j'en perds six sur dix, ils meurent petit à petit à chaque étape.

— Mais ils renaissent pour l'année suivante, dit Francis.

Et, de nouveau, les deux frères s'embrassent, toujours par-dessus les chocolats.

— Eh bien ! tout ça – et vous n'avez rien vu, attendez les Pyrénées, c'est le *hard labour* ; – tout ça, nous l'encaissons... Ce que nous ne ferions pas faire à des mulets, nous le faisons. On n'est pas des fainéants mais, au nom de Dieu, qu'on ne nous embête pas. Nous acceptons le tourment, nous ne voulons pas de vexations ! je m'appelle Pélissier et non Azor !... J'ai un journal sur le ventre, je suis parti avec, il faut que j'arrive avec. Si je le jette, pénalisation !... Quand nous crevons de soif, avant de tendre notre bidon à l'eau qui coule, on doit s'assurer que ce n'est pas quelqu'un, à cinquante mètres qui la pompe. Autrement : pénalisation.

Pour boire, il faut pomper soi-même ! Un jour viendra où l'on nous mettra du plomb dans les poches, parce que l'on trouvera que Dieu a fait l'homme trop léger. Si l'on continue sur cette pente, il n'y aura bientôt que des « clochards » et plus d'artistes. Le sport devient fou furieux…

– Oui, dit Ville, fou furieux !

Un gosse s'approcha :

– Qu'est-ce que tu veux, mon petit ? fait Henri.

– Alors, monsieur Pélissier, puisque vous n'en voulez plus, qui va gagner maintenant ?

Le Petit Parisien, 27 juin 1924

DANS LA POUSSIÈRE, DE BREST AUX SABLES-D'OLONNE

Les Sables-d'Olonne, 28 juin 1924

Il y a des fantaisistes qui avalent des briques et d'autres des grenouilles vivantes. J'ai vu des fakirs qui « bouffent » du plomb fondu. Ce sont des gens normaux.

Les vrais loufoques sont de certains excités qui, depuis le 22 juin, ont quitté Paris pour bouffer de la poussière, je les connais bien ; j'en fais partie. On en a bouffé trois cent quatre-vingt et un kilomètres de Paris au Havre, trois cent cinquante-quatre du Havre à Cherbourg, quatre cent cinq de Cherbourg à Brest. Ce n'était pas assez. Quand on en a goûté, on ne peut plus s'en passer. Aussi le garçon de l'hôtel de Brest, qui avait remarqué notre appétit, nous fut compatissant. Une heure après minuit, il frappa à notre chambre :

— Il est une heure, cria-t-il : il est temps de manger notre poussière.

— Combien de kilomètres en aurons-nous aujourd'hui ?

— Quatre cent douze !

— Hourra ! cria la bande, en se levant, ivre de joie.

On traversa le Finistère puis le Morbihan, la Loire-Inférieure et la Vendée.

La poussière du Morbihan ne vaut pas celle du Finistère, et celle de la Loire-Inférieure est un peu plus épicée ; quant à la poussière de la Vendée, c'est un vrai régal. Rien que d'y penser, j'en ai l'eau à la bouche. Pourvu que celle des Landes, lundi, soit aussi bonne !

Les croisés du Tour de France en sont à leur quatrième station. Ils descendent en pleine nuit à toute allure et en roue libre sur Landerneau. C'est la seule ville, depuis le départ, où l'on n'entende aucun bruit. Il est deux heures et demie du matin. Landerneau dort. Il fait froid. Châteaulin dort. Les roues de cent bicyclettes crissent au sol. À Quimper, toute la Cornouaille est aux fenêtres.

— C'est malheureux, dit un Breton qu'emballe le spectacle, on casque deux cent cinquante mille balles à un cheval pour deux minutes et demie, et on donne des briques à des hommes qui en font plus que des chevaux !

Le soleil s'installe à l'horizon.

— Pas moyen de marcher avec ce macaron du bon Dieu dans l'œil, lâche Alavoine.

Et tout le monde descend sur Lorient.

— Je fiche tout en l'air et ne remets rien.

C'est Souchard qui abandonne. (Il a les genoux coupés.)

— Pour cette fois, ça se clôturera ici. À qui pourrais-je acheter un complet civil ?

— Chez moi, répond un spectateur.

À chaque étape, des tailleurs guettent les abandons. Ils sont tous aimables, enthousiastes et commerçants.

On file sur Vannes ; c'est le ravitaillement. Ils se jettent sur les sacs comme un jeune tigre sur un pâle vieux buffle.

— Vous avez le temps, trois minutes, leur dit un monsieur correct derrière les barrières.

— Non, monsieur le notaire, ce n'est pas que je sois pressé, mais mon masseur m'attend à deux cents kilomètres d'ici pour me remettre le cœur en place, alors, vous comprenez...

C'est toujours Alavoine, bien entendu.

Un pneu éclate, l'homme se met à l'œuvre. Un

Breton qui a vu la guerre – celle de 1870 – veut savoir le numéro de l'homme, il soulève la besace, voit le chiffre, consulte sa liste : Lambot.

– Ah ! c'est toi, mon gars, dit le vieillard de la lande bretonne, tu travailles bien ! Mon fieu te connaît, tu sais, je lui dirai que je t'ai vu.

Dix mètres plus loin, on entend :

– Ah ! Ah ! je te tue !

C'est le n° 106 qui parle à son pneu qui le lâche.

Le 268 est Auguste Rho, de Milan. Il ressemble à d'Annunzio, et c'en est troublant.

– Hé ! d'Annunzio…

Il commence à comprendre que c'est de lui que l'on parle.

Un coureur est arrêté sur la route ; il ne répare pas sa machine, mais sa figure. Il n'a qu'un œil vivant, l'autre est de verre. Il enlève son œil de verre pour l'essuyer :

– Il n'y a que quatre mois que je l'ai, alors je n'y suis pas encore habitué.

C'est Barthélémy.

– Je l'ai perdu à cause d'un silex en roulant.

Il tamponne son orbite :

– Ça suppure !

– Vous souffrez ?

– Le cerveau va !

Il remonte et « roule la caisse » pour rattraper la meute.

De présomptueux villageois, qui probablement attendaient ce jour depuis l'année dernière, se collent au peloton. L'un est nu-tête.

– Tu veux faire le zouave et tu n'as même pas de casquette !

C'est Alavoine, bien entendu. Et comme il essuie ses yeux, il ajoute :

– Aujourd'hui, ma belle-mère a dû faire poivrer la route…

– C'est dur ? lui dis-je.

– C'est dur pour nous, mais pour les lecteurs, ça les amuse, alors « roulons-en une méchante ».

Alavoine veut dire par là : partons à fond de train. Il file, je le perds de vue.

Mottiat passe. Mottiat rit. Il rit depuis mille deux cent cinquante kilomètres ; nous le verrons rire au cinq millième kilomètre.

– Ça va ?

Mottiat rit.

Voilà un fauve qui sur le bord de la route dévore du caoutchouc avec férocité. C'est le maillot jaune Bottechia. Il a crevé. Bottecchia, pour aller plus vite, arrache son pneu à pleines dents.

Bellenger, qui a crevé, remonte. Il nous crie en passant :

– Il y a de la bagarre en tête !

Et puis, c'est Thys qui secoue. Thys s'échappe avec deux complices. Voici côte à côte Frantz et Archelais. C'est un spectacle. L'un a été mis sur la route pour courir. C'est Frantz. L'autre, on ne sait pas trop pourquoi. C'est Archelais, Archelais est un « ténébreux », un routier sans écurie, il va tout seul depuis le départ, sans manager, sans cuisses, sans mollets, sans rien. À chaque arrivée, il souffre tellement qu'il pleure comme un gosse, mais il arrive toujours avec les « as ». On voudrait le pousser sur sa machine, tandis que Frantz est insolent de puissance. Si Frantz osait dire : « Je suis fatigué », les fils télégraphiques qui bordent la route se tordraient de rire et vous en voyez la conséquence : on ne pourrait plus télégraphier de Brest à Nantes.

L'un est en détresse :

— Mes fesses me lâchent, dit-il, je les avais pourtant préparées depuis six mois.

Et, dans un mouvement de colère :

— Mon ennemi ? C'est mes fesses !

À la Roche-Bernard passe un « ténébreux ». Il est en retard, il a crevé plus que son compte ; il nous dit en riant :

— Je me redescendrai plus chercher de fougère.

En tête ça « tourne rond » ; cela veut dire « ça gaze ».

Le marquis de Priola, alias M. Hector Tiberghien, ne perd pas sa réputation pour si peu que ça tourne rond ou carré ; s'il aperçoit une femme remarquable sur la route, il la salue d'un baiser au nom du sport cycliste et de la France vélocipédique.

Voilà la chaleur. Autour du peloton, on sent le caoutchouc à plein nez, les hommes prennent leur bidon d'eau et en versent sur leur tête ; avec la poussière qui barbouille leur figure, ça fait du joli.

Nantes. Foule. Pont écroulé. Alors ils passent la Loire sur un pont de bateaux qui se soulève et s'affaisse comme une poitrine qui soupire. Alavoine est en tête de cette course à pied, il boit un coup, bouteille à la bouche, et on le dirait sonnant du clairon pour entraîner le régiment.

Si le département de la Manche avait semé du silex sur ses routes et attendait la récolte, celui de la Loire-Inférieure a fait onduler celles des faubourgs de Nantes pour leur rendre le visage plus aimable.

– Ah ! les édiles, ils n'ont pas raboté la route...

Toujours et de plus en plus, c'est évidemment Alavoine.

Il fait trop chaud, le Créateur n'est pas raisonnable, il va faire mourir ses hommes. Je les devance, j'arrive aux Sables, ils ont quatre cent douze kilomètres dans les jambes, ce qui fait d'ailleurs mille cinq cent soixante avec les précédent ; ils ont le soleil, ils ont la poussière, ils ont les fesses en selle depuis deux heures du matin, il est six heures trente du soir ; dans une dernière souffrance, ils font

un dernier effort pour l'arrivée. La foule *fatiguée* me crie : « Eh bien ! ils dorment ? »
— Non.

Le Petit Parisien, 29 juin 1924

ILS ONT DORMI ENTRE LES SABLES ET BAYONNE...

Bayonne, 1ᵉʳ juillet 1924

On compte déjà un peu plus de soixante cadavres ; entendez cadavres dans le sens de bouteilles quand elles sont vidées. Il en est resté à chaque étape des grands, des petits, des longs, des larges et de toutes les couleurs. Je n'ai pas remarqué que la teinte d'un maillot portât la guigne plus qu'un autre. C'est le même tabac.

La coupe sombre eut lieu chez les ténébreux. Ils se sont perdus en route et on ne les a plus revus. Ils ont voulu traverser les bois tout seuls, alors qu'ils n'avaient pas d'assez fortes jambes pour courir, et le loup les a mangés. On en rencontre aux étapes. S'ils avaient une valise, ils ne savent plus où elle est et se disent : « Qu'est-ce que je vais faire maintenant ? »

Aux Sables, le contrôle fermait à onze heures cinquante-sept. À onze heures cinquante arrive un Italien.

— J'on souis à temps ? dit-il.
— Oui.

Il éclata de rire tant il était heureux et se tapa sur les épaules pour applaudir, et c'est d'ailleurs le seul applaudissement qu'il recueillit. La veille, en quittant Brest, un autre s'en allait dans la nuit, sa machine sur l'épaule. Il avait cassé sa fourche et descendait à Landerneau réveiller un mécanicien.

Ce fantôme aux cuisses nues, au torse vert et rouge, descendant à trois heures et quart du matin réveiller le mécanicien de Landerneau, semblait un personnage de marionnettes. Il était de Grasse, il voulait bien lâcher, mais après Grasse. Il voulait défiler dans Grasse et c'est encore assez loin, disait-il, sans ironie. Il arriva le soir, à onze heures cinquante-cinq.

— Avez-vous mangé ?
— J'ai mangé quelques colifichets dérisoires, dit-il, aussi j'ai faim.

Les ténébreux qui tiennent bon sont désormais des ténébreux lumineux, et cela sans plaisanterie. Car pour suivre le peloton, il faut qu'ils fassent ce

qu'en langage sportif on appelle des étincelles !
Mais la course continue. C'est la cinquième étape.

Dimanche soir, à dix heures, on quitte les Sables-d'Olonne. Cette nuit, on ne nous a pas laissés dormir parce qu'il y a quatre cent quatre-vingt-deux kilomètres à ingurgiter. Aussi ne sont-ils pas nerveux. Ils traversent la Vendée, la Gironde, les Landes, comme si quelqu'un qu'ils n'aiment pas les menait par l'oreille.

— On dirait qu'on va à l'école, dit Alavoine.

Ils ont leurs bras au-dessus de leur guidon. Ils donnent des coups de pied dans le vide. Ce n'est plus du cyclisme, c'est une séance de gymnastique suédoise. À l'allure dont ils vont, cela ne ressemble plus à une course de bicyclette, mais rappelle le temps où l'on faisait des exhibitions sur des vélocipèdes.

Bref, des Sables à Bordeaux, ils en avaient *plein le dos*. Ils traversent Luçon, la Rochelle, Rochefort, Saintes, Blaye. Ils n'écrasent personne et ils traverseront tout ce que vous voudrez, pourvu que vous ne les voyiez pas courir. Ils arrivent à Bordeaux.

— Mon Dieu ! dit la vieille dame, ils marchent ainsi depuis longtemps ?

— Depuis huit jours.

— Oh ! dit-elle, ils ne sont pas gros, *pourtaing*.

Tous les Bordelais sont là, sur le passage, et manifestent leur admiration pour les « géants de la route » par des mots crus.

Quant au peloton de tête, il est précédé d'une jeune fille à bicyclette. C'est Tiberghien qui l'a *dégotée*, comme de juste, et qui la pousse en avant. Si cette jeune fille avait attendu ce jour pour choisir un joli petit nom, elle a le choix. Ses compatriotes, durant trois kilomètres, lui en ont lancé, lancé à la volée, de quoi baptiser les quadrupèdes et les oiseaux de la Gironde et des cinq parties du monde en supplément.

Il ne fait pas soleil. Il ne fait même pas chaud. On ne sait pas d'ailleurs le temps qu'il fait. Tout le monde dort. On dort à ce point qu'un cycliste qui a une jambe de bois suit le peloton et manque de prendre la tête. Dans une voiture, des confrères belges dorment la bouche ouverte. De temps en temps, ils sortent une cuiller de leur poche et introduisent l'instrument dans leur bouche. C'est pour la déblayer de la poussière qui les étouffe. Cela fait, ils se rendorment.

Il n'y a que la course qui ne ronfle pas. À Hostens, le jour se réveille. Bottecchia chante. Il chante en italien une chanson smyrniote, qui, traduite en français, dit à peu près :

« J'ai vu les plus beaux yeux du monde, mais d'aussi beaux que les tiens, je n'en avais jamais vu. »

Il ne faut pas croire Bottecchia. Quand on porte comme lui des lunettes de couleur et une demi-livre de poussière sur chaque verre, on ne peut pas juger les yeux des femmes de France.

À Pissos, Barthélémy met son œil de verre dans sa poche et le remplace par du coton qui n'a rien d'hydrophile.

— Pour la vue, c'est « kif-kif », dit-il, mais c'est plus doux, et j'ai toujours aimé les câlineries.

Non seulement on dort, mais on dort en chantant. Une autre voix italienne s'élève dans les sapinières des Landes. C'est Rho, dit d'Annunzio, qui chante comme un « zoisiau ». Quant à Jacquinot, qui est de Pantin, il est triste parce que le soleil, dit-il, lui rétrécit la peau. J'essaye de le convaincre que le soleil n'a jamais rien fait de pareil, mais il ne vent rien entendre et maintient ses affirmations.

Je me réveille un des premiers. Je les dépasse et j'arrive à Liposthey.

— Qui est le premier ? me demande-t-on. Quand arrivera-t-il ?

Je donne toutes les explications, et au lieu de me dire merci on m'invective. Désormais, la foule peut *sécher sur place,* je ne donnerai plus de renseignements.

Cependant, plus on descend dans le Midi, plus les gens sont convenables. À Labouheyre, le maréchal des logis de gendarmerie crie à ses concitoyens enthousiastes : « Faites place pour laisser passer ces messieurs les bicyclistes ! »

On traverse les Landes. On n'en finit pas de traverser les Landes et on a le temps de compter goutte à goutte la résine qui tombe des arbres dans de petits bols. Les cigales comprennent que le paysage devient pesant ; aussi se mettent-elles avec entrain à frotter en notre honneur la peau de leur ventre du bout de leurs pattes. Le concert n'est pas mal, mais je préfère la guitare.

Ils sont partis à dix heures du soir des Sables ; ils arriveront à dix-huit heures trente. Cela fera vingt heures et demie de selle pour cette étape.

— Vous croyez que si nos mères se trouvent à Bayonne pour nous donner la fessée, elles n'auront pas raison ? fait Tiberghien.

Voici Castets, on se réveille. Trois hommes se sauvent. L'un crève, il y aurait de quoi se tirer un coup de revolver dans la tête. Deux courent à la corde... Petit coup de théâtre... Ce sont des « deuxièmes classes ».

C'est Omer Huysse qui bat les as. Bien joué !

Eh bien ! tout cela n'est rien. Les deux mille quarante-quatre kilomètres parcourus ne sont que le prologue. La fête commencera jeudi, ainsi le veut la chanson de la route : « Fini de se promener, c'est demain les Pyrénées. »

Le Petit Parisien, 2 juillet 1924

LES COUREURS DU TOUR À L'ASSAUT DES PYRÉNÉES. BOTTECCHIA VAINQUEUR

Alavoine a malheurs sur malheurs et Mottiat n'a plus le sourire.

Ce que l'on appelle le « calvaire du Tour de France » commença ce matin à dix heures cinq aux Eaux-Bonnes : les quatre-vingts rescapés allaient traverser les Pyrénées à bicyclette.

Voici le col d'Aubisque.

Les hommes grimpent. Cela ne leur fait pas plaisir : ils ne sont pas à toucher avec des pincettes à sucre, même en argent. Mottiat ne rit plus. Non seulement Tiberghien ne regarde pas les Basquaises, mais il les bouscule.

À l'entrée du col, Alavoine est jaune, ce n'est pas qu'il ait ravi le maillot à Bottecchia ; c'est qu'il a la colique.

Il attaque le col. Deux kilomètres plus loin, je le vois qui titube sur sa selle ; il monologue :

— Quand je vais bien, mes boyaux crèvent ; quand mes boyaux ne crèvent pas, c'est moi qui suis crevé !

Pour la première fois, depuis dix jours, je m'aperçois qu'il porte le numéro 13.

L'effort les assomme : ils vont tous lentement, mais tête baissée, tel le bœuf qui s'apprête à recevoir le coup du boucher. Les muscles de leurs cuisses grincent. Jacquinot monte les dents accrochées, comme s'il appelait sa mâchoire à l'aide. Ils marchent à coups de volonté !

C'est la descente sur Argelès.

Ils dévalent à soixante à l'heure, et s'il n'y a pas de « macchabée », c'est bien que les précipices n'en ont pas voulu.

Voilà le 207 qui répare. C'est Jean Garby, de Nevers ; c'est un routier. Il pleure sur son boyau.

— Qu'est-ce que tu as, mon petit gars ? demande le chauffeur.

— J'étais dans les dix premiers ; j'ai crevé quatre fois. C'est triste, allez !

— Vous êtes fatigué ?

— Oh ! non ! dit-il, mais ça me fait du chagrin.

Ils attaquent le Tourmalet avec les mouvements de quelqu'un qui se jetterait la tête contre les murs.

En langage de sport, peut-être que cela est

beau ; mais dans le langage des hommes, c'est simplement navrant.

Un homme, les cuisses épuisées, s'est couché sur le talus. Passe le 207, le Nivernais. Alors, l'homme couché lui dit :

– Tu es plus fort que moi, Garby ! Je te salue !

Le Tourmalet est un méchant col ; le long de son chemin, il aligne les vaincus. Un routier pleure, les deux pieds dans un petit torrent ; il tient un médaillon à la main :

– Ah ! si c'était pas pour toi ! dit-il.

C'est la photographie de son gosse.

Un kilomètre plus haut, la statue du désespoir apparaît : c'est un autre qui vient de crever. Il a retiré sa roue pour fixer le boyau neuf, il tient sa roue dans ses bras comme on tient un enfant pour qui l'on ne peut plus rien, mais que l'on se refuse à abandonner.

Pourtant, un homme s'est sauvé : c'est Bottecchia, le maillot jaune ; il est tellement en avant qu'on ne sait plus où il est. Nous lui donnons la chasse depuis une heure, à la vitesse de cinquante-cinq kilomètres heure. En passant, je regarde de temps en temps dans les ravins, mais il n'y est pas non plus.

C'était après le Tourmalet ; je ne m'affolai pas, pensant que le col d'Aspin se chargerait de calmer ses cuisses.

Ce n'est pourtant que bien au-delà que j'aperçus enfin quelque chose qui avançait : c'était le nez de Bottecchia. Et comme Bottecchia suivait immédiatement son nez, je mis enfin la main sur le coureur. Il marchait sans saccades, régulier comme le balancier d'une pendule ; c'est le seul qui semblait ne pas faire un effort au-dessus de sa puissance. Il avait pris seize minutes au second, mais aujourd'hui il ne chantait pas.

Le second est un Belge ; le troisième un Luxembourgeois. S'il y a encore des Pyrénées, ce n'est plus que pour les Français.

Le Petit Parisien, 3 juillet 1924

LA SEPTIÈME ÉTAPE DU TOUR DE FRANCE

Devant, il y a les coureurs ; aussitôt après suit une triste limousine, longue, noire et close. Deux messieurs sont à l'intérieur avec une rosette de la Légion d'honneur pour eux deux ; seulement... le chauffeur ne porte pas l'habit officiel des croque-morts : ce n'est donc pas un corbillard.

Enfin suit une deuxième voiture close, noire et longue. Si la première était un corbillard, on pourrait croire que, dans la deuxième, se tient le prêtre en surplis blanc.

En troisième lieu, dans une torpédo, vont trois pénitents italiens, coiffés chacun d'une cagoule que, en passant par Florence, ils ont empruntée aux salariés des pompes funèbres. La quatrième et la cinquième carriole à pétrole portent, sur leurs côtés, des fanions d'un jaune couleur d'immortelle. Sur ces fanions sont des lettres noires, qui ne peuvent dire autre chose que : « Regrets éternels ! »

Un sixième véhicule, qui nous vient de Bruxelles, arbore une banderole où s'étalent ces mots : « Dernière heure. »

Ensuite, dans plusieurs voitures, des dames et des messieurs qui ont oublié de prendre leurs lunettes pleurent tout ce qu'ils ont de larmes. Ce doivent être les membres de la famille.

Enfin, une mystérieuse automobile porte, pendus à des crochets, des boyaux de rechange, si bien qu'elle a l'air de perdre ses tripes.

Tel est le spectacle pendant les vingt premiers kilomètres.

Au vingt et unième, une folie klaxonnante et déambulatoire atteint la totalité de ces joyeux véhicules. Le troisième passe le premier, le cinquième passe devant le troisième, le sixième ne voyant plus le cinquième que, tendrement, il suivait, bouscule tout et va le rejoindre. Le corbillard s'aperçoit qu'il n'est plus en tête, sa dignité est en jeu, il repasse le premier. C'est alors que, impérieux et grave, s'élève un son de cor enrhumé. C'est le signal des pénitents italiens. Les frères latins disent qu'ils sont journalistes ; sans doute, ils sont même journalistes sportifs, nous l'entendons bien. Pour notre compte, nous croyons plutôt qu'ils sont détectives. Depuis treize jours, ils ne font qu'aller et venir le long du convoi, ils cherchent sûrement quelqu'un.

Qui trinque au milieu de cette sarabande automobilesque ? Mes amis, les coureurs.

Nous les envoyons sur les tas de cailloux. Nous les aplatissons contre un arbre. Quand ils dévalent d'une côte à soixante à l'heure, nous nous trouvons dans un tournant pour leur barrer la voie. C'est à ces moments que, dans la solitude des Pyrénées, on entend monter ce cri de détresse :

– Oh ! là ! là !... Oh ! là ! là !...

Ils s'aperçoivent qu'ils vont se fracasser sur notre réservoir à essence.

Aujourd'hui, l'un qui frôla la mort d'un millimètre se permit de crier, mais sans ralentir son action :

– Bandits ! bandits ! bandits !...

Le premier col est le col des Arcs. Ils n'oublient pas de le gravir arqués.

Mais ils doivent monter à mille neuf cent vingt-cinq mètres, au Puymorens. Le vent souffle, comme en mer, avec son bruit de soie, ainsi qu'il fait dans la voile d'un trois-mâts. L'orage recouvre les montagnes comme une bâche. À grands pas la poussière marche en paquets, furieuse, et aveugle tout. C'est là-dedans que, en tête, luttent Bottecchia et Alancourt.

Bottecchia s'était sauvé, Alancourt l'avait rejoint. En passant près de ma Renault, Alancourt cligne malicieusement de l'œil de mon côté, ce qui veut dire :

– Cette fois, je le tiens par la veste, l'Italien ! hein ?

– Eh Barthélémy ?

– Il a « passé les dés », crie « Jean XIII » dans la tempête.

Le vent déporte d'un côté les branches des arbres.

Degy passe.

– Que trouvez-vous de plus dur : les grands cols ou les grandes étapes ?

– Les grandes étapes et les grands cols, répond le maillot rouge.

L'arrivée eut de la grandeur. Bottecchia la passa à la corde ; Thys, qui avait ramé depuis trois heures pour le rattraper, perdit de l'épaisseur de trois pneus. Encore en course, il vit sa malchance, et son visage ravagé prit le masque d'un grand chagrin. À son dernier coup de pédale, il pleurait.

Tiberghien parut dans la ligne droite la main déchirée, le genou déchiré ; il venait de tomber, un kilomètre plus haut. Il avait couru cette étape pour que cette étape fût sa course. Le sort ne l'avait pas voulu. Les larmes lui montèrent aux yeux.

– Mais je ne suis pas découragé, dit-il d'une voix coupée par sa grande peine.

Alors, dans la foule formidable, multicolore et orientale de Perpignan, un vieux monsieur porta l'un de ses doigts au coin de ses yeux, et d'un cri où l'on sentait le sanglot, dit :
– Vous êtes tous de braves garçons !...

Le Petit Parisien, 5 juillet 1924

UN ACCIDENT À LA HUITIÈME ÉTAPE DU TOUR DE FRANCE. MOTHAT GAGNE L'ÉTAPE. BOTTECCHIA TOUJOURS EN TÊTE DU CLASSEMENT GÉNÉRAL

Toulon, 6 juillet 1924

C'est arrivé après La Ciotat. Huot menant le train prend sa roue dans un rail et tombe. Nous venions derrière lui. D'un coup de volant, nous l'évitons. La poussière bouchait la vue à un mètre. Une voiture suivait et traîne Huot. Voilà le fait.

Et voici la cause.

Ce qui eut lieu aujourd'hui, de Perpignan à Toulon, ne fut pas une course, mais un acte de véritable folie populaire.

Cent kilomètres avant Toulon, le Midi amena sur la route la totalité de ses véhicules. Debout dans ces voitures, les gens trépignaient, dansaient et poussaient des hurlements. Plus personne n'avait figure humaine ; ces fous semblaient sortir d'un sac de farine.

Après trois cents kilomètres et la traversée de la Crau à midi, les coureurs tombèrent là-dedans ; c'était pitoyable. Ils étaient projetés, cernés, embouteillés ; la rage dans la gorge, ils criaient :

– Place ! Place ! Attention, par pitié !

– C'est de l'assassinat !

La foule hurlait plus fort. Cette foule était en toilette du dimanche, en habit de toile bleue et jusque en caleçon de laine. Il y avait des gens dans des voitures de déménagement, dans des camionnettes commerciales, en side-car, à bicyclette et, si le moment était joyeux, nous dirions qu'on avait sorti jusqu'aux vieux chevaux mécaniques...

Les courses sont l'amusement du public. Il ne faut cependant pas les confondre avec une corrida. Les coureurs ne sont pas des taureaux, il ne doit pas y avoir tentative de mise à mort à la fin du spectacle.

Le prodigieux, c'est que l'accident ne soit arrivé qu'à la septième étape.

Hier, nous signalions qu'un routier, se voyant barré dans une descente par des automobilistes, leur avait crié :

– Bandits ! Bandits !

Huot, ce soir, n'a pu que gémir, le sang à la bouche.

– Oh ! là là !

Il est à l'hôpital.

Les coureurs sont exaspérés.

Bellenger, qui ne prononce jamais un mot déplacé, dit tout haut :

– C'est à nous rendre méchants. Si j'avais eu un revolver, j'en tuais un...

Il reste encore sept étapes, des mesures de précaution s'imposent.

Ce sont des prix que l'on a promis à ces garçons, et non des civières.

Le Petit Parisien, 7 juillet 1924

DANS LES COULISSES DU TOUR

Toulon, 7 juillet 1924

Dès qu'ils ont mis pied à terre, le « maréchal » reprend son rôle.

Le maréchal est Alphonse Baugé. Il est commandant en chef des coureurs cyclistes... de ceux du Tour de France, de ceux des Six Jours, de ceux des courses classiques, des routiers et des pistards : Alphonse Baugé est l'animateur de la pédale française. C'est le seul homme que, de nos jours, je crois capable d'accomplir un miracle. Il ferait monter un garçon sur une bicyclette qui n'aurait ni selle, ni guidon ! Alphonse Baugé finira canonisé !

Son uniforme est bleu foncé et revêt la forme d'un pyjama, une ganse de laine rouge borde la veste. Comme signe particulier, Baugé a le sourire dentaire de Mistinguett. Il suit la course dans une voiture fermée, et il n'y a pas que sa voiture qui soit fermée, mais aussi sa bouche.

Au départ, le secrétaire général de l'épreuve lui coud les lèvres avec du fil de laiton. L'autre jour, pris de pitié, j'ai voulu introduire un chalumeau dans le coin de sa bouche et lui envoyer un peu d'air ; il s'y est refusé : il tient pour le règlement.

À l'arrivée, le secrétaire général sort un instrument de sa poche et cisaille les fils de laiton. Alors, Baugé respire par trois fois, constate que son cœur bat encore, se tâte et gagne l'hôtel des coureurs.

C'était à Brest. À peine avais-je franchi le seuil de la salle à manger des « Tour de France » que j'entendis :

– Alors, cela ne te fait rien, à toi, de chanter à l'Opéra ou aux Batignolles ?

Baugé parlait à Curtel. Curtel voulait lâcher la course. Curtel se plaignait d'avoir fait mille deux cents kilomètres pour gagner six francs cinquante.

– À Marseille, disait-il, j'ai cinq mille francs pour trois cents kilomètres.

– Alors, non, tu n'es pas un grand artiste ; tu ne veux être qu'un baryton de province qui joue sur des scènes dérisoires ?

– Eh ! répondait Curtel, je préfère cent francs aux Batignolles qu'une « thune » à l'Opéra !

– Tu n'as donc pas d'orgueil ? Tu n'as donc pas

de ça ? – il lui montrait la place du cœur. Tu ne penses donc pas à la fierté de tes vieux parents ?

– Eh ! faisait Curtel, mes parents sont pas si vieux que ça...

– Tu ne veux rien savoir, c'est arrêté dans ta cervelle. Tiens, je vais prendre un exemple, tu connais Kubelik, le grand violoniste ? Bon ! Penses-tu que Kubelik lâcherait son violon parce qu'il n'aurait gagné que six francs cinquante ? Non ! Kubelik est un artiste. Eh bien ! toi aussi, tu es un artiste, un artiste de la pédale. Pour la première fois, tu as l'honneur de courir le Tour de France, ce flambeau du sport cycliste, et à cause d'une histoire de six francs cinquante, tu laisserais ça là ?...

– Si je me crève pour six francs cinquante, comment ferai-je après pour gagner ma vie ?

– Tiens, tu n'es qu'un manœuvre, qu'un gâcheur de plâtre, qu'un cireur de bottes, qu'un laveur de vaisselle. Tu ne comprends rien à la beauté du guidon. Fais ce que tu veux... Tu me dégoûtes...

Nous arrivâmes à Bayonne.

L'attaque des Pyrénées était pour le lendemain. Le courage de cinq ou six faiblissait. Alors Baugé, dans le hall de l'hôtel, entra en jeu.

– Tu vas lâcher, toi qui as un système pour les Pyrénées ?...

— Mais je n'ai pas de système pour les Pyrénées, monsieur Baugé !

— Si ! tu as un système pour les Pyrénées, tu vas lâcher, toi que tout le monde attend dans les cols.

— Mais non, monsieur Baugé, personne ne m'attend dans les cols.

— Tout le monde t'attend, te dis-je, tu ne peux cependant pas le savoir mieux que moi, toi à qui la vieille grand-mère pyrénéenne offrira des fleurs au sommet du Tourmalet !

— Je me f... des fleurs, monsieur Baugé ! Je vous dis que je n'ai plus de tendons.

— Il ne s'agit pas de tendons...

— Avec quoi je pousserai alors ?...

— Va trouver ton masseur, il te fera des tendons... Écoute, mon petit gars, as-tu du cœur ?

— Oui, mais je n'ai plus de tendons...

— Ne pense pas à ça, pense à ton succès, à ton nom sur les grands journaux de Paris, à la fanfare de ton pays natal qui viendra te chercher à la gare si tu finis le Tour.

— Mais, bon Dieu, monsieur Baugé, puisque je vous dis...

— Oui, tu me dis que tu n'as plus de tendons... C'est entendu... Et bien ! alors, fais-toi croque-mort et non coureur cycliste, tu m'entends, adieu !

Ensuite, ce fut Luchon. Les garçons y arrivèrent

dans un état de fraîcheur voisin de la décomposition. Ils allèrent au bain. Ils passèrent à table :

— Croyez-vous, disaient-ils, que c'est un métier ?

Baugé montra son nez :

— Ce n'est pas un métier, c'est une mission.

— Notre mission, dit Collé, c'est d'être avec nos femmes, et non de faire le « rameur ».

— Votre femme, répond Baugé, c'est votre bicyclette.

Tiberghien, dans son pyjama beige à col de soie, assura que la bicyclette n'avait rien à voir avec la femme.

Beaugé reprenait déjà :

— Si c'est un métier, quel beau métier !... Cela ne vous fait peut-être rien d'entendre pendant un mois toute la France crier : « Alavoine ! Thys ! Sellier ! Mottiat ! Bellenger ! Jacquinot ! », etc.

— Quand on a des vomissements, ce n'est pas ce qui vous « rebecte », dit Alavoine.

— Tenez, prenez Bottechia ; supposez-vous que si Rockefeller avait offert au sommet du Tourmalet cinquante billets, Bottecchia aurait lâché ? Non. Parce que Bottechia a un idéal.

— Oui, acheter un terrain dans son Italie ; s'y construire une maison, vu qu'il est maçon, et planter ses spaghettis...

— Mais non, dit Baugé.

– Si, si, fait Bottecchia.

À Perpignan, il ne restait que vingt as sur quarante-six. Sellier et Jacquinot avaient laissé ça à Bourg-Madame, ils souffraient trop.

– Je comprends cela, mes enfants, dit Baugé ; mais sachez qu'il n'y a pas de grands coureurs sans grand chagrin.

De Perpignan à Toulon, deux routiers sont restés inanimés sous les roues d'une auto. Ugaglia d'abord, Huot ensuite. Leurs camarades n'en sont pas enchantés.

– Mes amis, dit Baugé, moi aussi je suis tombé, moi aussi j'ai été traîné par des motos. Je suis un enfant de la balle, je sais ce que c'est. Il y a des croix de bois dans notre métier comme dans les autres. Savez-vous ce que je ferais à votre place : je lirais la *Vie des martyrs,* de Duhamel. Après cela, vous auriez du courage pour l'étape de demain. C'est moi qui vous le dis.

– On le trouve à Toulon ?
– On le trouve partout...
– Eh bien ! nous allons l'acheter...

Le Petit Parisien, 8 juillet 1924

SUR LE TOUR DE FRANCE. DIX MILLIONS DE FRANÇAIS SONT EN FOLIE

Nice, 8 juillet 1924

On s'habitue à tout. Il suffit de suivre le Tour de France pour que la folie vous semble un état de nature.

Le 19 juin dernier, si quelqu'un m'avait dit : vous allez voir sept à huit millions de Français danser la gigue sur les toits, sur les terrasses, sur les balcons, sur les chemins, sur les places et au sommet des arbres, j'aurais dirigé aussitôt mon informateur vers une maison d'aliénés.

C'eût été une erreur. Mon homme ne se serait trompé que sur le chiffre. C'est dix millions de Français qui glapissent de contentement.

D'après un savant, il paraîtrait qu'à Paris, à six heures du soir, dans les allées du bois de Boulogne, on compte quatre-vingt-neuf mille sept cent cinquante bactéries au mètre cube de poussière. Le même homme de science affirme que l'on en trouve quatre-vingt-douze mille sept cent vingt-cinq dans le Métropolitain. Enfin, dans une salle de danse, après un tango, le nombre des bactéries s'élèverait à quatre cent vingt mille. Tout cela n'est qu'enfantillages.

Ayant voulu me rendre utile, j'ai prié un docteur de monter dans ma voiture et de calculer au mètre cube de poussière le nombre des bactéries du Tour de France.

Muni de ses instruments, le docteur s'installa à mes côtés. Toute la journée, il travailla comme un nègre. La Renault n'était plus une voiture, mais un laboratoire. À l'arrivée à Nice, le docteur m'a dit :

– Vous pouvez télégraphier que le nombre des bactéries du Tour de France est de seize à dix-neuf millions par mètre cube d'air !...

Ce n'est pas sans motif que je vous livre ces calculs, c'est pour vous faire comprendre l'événement de cette étape. Dix-neuf millions de bactéries arrivent à faire une substance si épaisse, qu'aujourd'hui Bottechia a disparu dans cette poussière.

L'Italie est sportive. On le vit bien à la frontière. L'Italie était venue acclamer Bottecchia, Bottecchia n'était pas là... Ce fut du joli !... Vingt Italiens arrêtèrent mon élan et me sommèrent de leur dire ce que j'avais fait de Bottecchia… Bottecchia porte le maillot jaune. Il n'y avait pas de maillot jaune dans la course, et c'est à moi que l'Italie s'en prenait.

Mais quarante-cinq gendarmes étant venus me dégager je pus repartir d'un pied tremblant. Néanmoins, le fait subsistait : Bottecchia était escamoté.

Pour aller de Toulon à Nice, on passe par Menton. Cela peut vous surprendre. C'est ainsi. On ne trouve jamais de chemins assez longs. On ajouta, aujourd'hui, cent kilomètres à la ligne droite.

Ce n'est plus un Tour de France, comme dit Alavoine, c'est un « tour de cochon ».

À Menton, la séance recommença. On vint voir dans mes poches ce que j'avais fait de Bottecchia. Alors je répondis :

– Il est mort !

Et c'est seulement à la faveur de la consternation que je pus m'échapper.

Bottecchia n'était pas mort. Il avait changé de maillot. Et pourquoi ? Pour éviter d'être porté en triomphe et de perdre la course.

– Et la figure ? lui demande Bellenger. Alors Bottecchia lui répondit :

– Avec la poussière, on n'a plus de *figoure*.

L'arrivée d'Alavoine ne fut pas mal non plus. La poisse l'avait quitté. Il parut le troisième. Il était là au milieu de la rue, épuisé. Mais il gênait la circulation. Un sergent de ville s'approcha :

– Allons, plus vite ! plus vite ! circulez ! Alavoine sortit un couteau de sa besace, le tendit au représentant de l'autorité et, d'une voix sans souffle :
– Bien, mon vieux tue-moi tout de suite !...

Le Petit Parisien, 9 juillet 1924

CEUX DE LA ONZIÈME... LE LUXEMBOURGEOIS FRANTZ GAGNE BRIANÇON-GEX

Grenoble, 12 juillet 1924

Cela porte simplement le nom de « dix » et de « onze ». Ce n'est pas compromettant.

Lorsque l'on fait le Tour de France en quinze étapes, il est naturel qu'on en arrive un jour, d'abord à la dixième, ensuite à la onzième. Ainsi va l'événement dans un ordre de choses établi.

Il s'agit cependant d'une bagatelle : de la traversée des Alpes.

C'eût été tout à fait bien, si ces soixante hommes, en croix sur leur bicyclette, n'eussent aujourd'hui manqué de conscience : ils ne sont pas allés se planter au sommet du mont Blanc !

Alors, à quoi sont-ils bons ?...

Voici, toutefois, ce que j'ai vu dans la montée et la descente de l'Isoard et du Galibier.

Quand ils les gravissaient, ils ne semblaient plus appuyer sur les pédales, mais déraciner de gros arbres. Ils tiraient de toute leur force quelque chose d'invisible, caché au fond du sol, mais la chose ne venait jamais. Ils faisaient : « Hein ! Hein ! » comme les boulangers la nuit devant leur pétrin.

Je ne leur parlais pas, je les connais tous, mais ils ne m'auraient pas répondu. Quand leur regard rencontrait le mien, cela me rappelait celui d'un chien que j'avais et qui, avant de mourir, en appelait à moi de sa peine profonde d'être obligé de quitter la terre. Puis ils baissaient de nouveau les yeux et s'en allaient, courbés sur leur guidon, fixant la route, comme pour savoir si les gouttes d'eau dont ils la semaient étaient de la sueur ou des larmes.

Ce spectacle se nomme une partie de plaisir. Ainsi en ont décidé les journaux de la région. Le départ des populations du Dauphiné et de la Savoie s'effectuerait cette nuit, à minuit quarante-cinq, pour le Galibier. Il y aurait au sommet un souper froid, une coupe de champagne, le tout pour quarante-cinq francs.

Les coureurs montent toujours.

Brunero, l'Italien qui fait le Tour pour la première fois, me demande d'une voix coupée :

– Est-ce encore long, le Galibier ?

– Je crois que c'est le bout, dis-je.

Dix minutes plus tard, je l'entends poser la même question à Thys. Thys répond : « Oui » d'un mouvement de tête. « Oui », c'est encore long.

Sur la pente de l'Isoard, Alavoine, l'année dernière, tomba, resta inanimé et perdit la course. Il s'en souvient :

– J'ai peur ! me crie-t-il.

Et, en roue libre, coupant le vent, il dévale, l'œil anxieux.

Je me suis arrêté au bas d'une grande côte.

En trombe, un par un, je les vois descendre.

– J'ai peur ! me crie un routier d'une voix grelottante.

En voici un autre :

– J'ai peur ! me crie-t-il.

J'ai l'air d'être là, dans ce tournant, pour les ramasser en morceaux.

En voici encore un, il va si vite qu'il m'envoie du vent en passant :

– J'ai peur ! me crie-t-il.

Mais l'un freine, il zigzague, il va dégringoler, il se colle contre le talus qui lui rabote la cuisse, mais le talus le cale.

Je vais vers lui ; sa chaîne est cassée :

– J'avais un peu d'avance aujourd'hui. Ah ! misère de misère !

Il regarde sa chaîne :

– Comment est-ce que je vais arranger ça ? Il faudrait une enclume.

Il prend un gros caillou et un petit. Le gros est l'enclume, le petit est le marteau.

– Si je puis réparer, je me saoule à l'arrivée !

La réparation ne va pas :

– C'est des choses à abandonner...

Ce routier est Ercolani, le natif de Froges, qui attend son enfant :

– Pourvu que ce soit un garçon, je lui mettrai le nom de Benjamin.

– Pourquoi ?

– Parce que je suis le benjamin du Tour : j'ai vingt et un ans !

Il parvient à réparer.

– Je suis heureux, dit-il.

D'autres routiers dévalent. Cela lui rappelle son malheur :

– Aujourd'hui, j'étais bien parti, j'aurais pu gagner un peu de classement... Comme ça, je suis redressé !

Sa chaîne est raccommodée. En remettant sa roue, il me demande :

– Vous n'êtes pas docteur aussi ? Vous auriez pu m'expliquer comment que ça se fait que je n'ai pas encore mon enfant. J'avais tout, tout, commandé chez le pharmacien avant de partir. Les médicaments vont se pourrir !

Il saute en selle :

— Ah ! Ils ne m'auront plus pour le Tour de France... Je suis trop jeune ça me vide. Je recommencerai quand j'aurai vingt-cinq ans...

Mais il repart et file comme un zèbre qui aurait aperçu un lion câlin !

Si Ercolani n'a pas reçu un télégramme à Gex, je lui en fabrique un : l'inquiétude de ce gosse n'a que trop duré.

Sur la route, un grand diable me fait des signes.

Sa bicyclette est à terre. Son genou droit est emmailloté. J'arrive sur lui, ses cuisses sont labourées de blessures. C'est Collé :

— Quel malheur ! moi qui me réservais pour après-demain !

Collé est Genevois.

Tous se réservent pour l'étape qui les amène dans leur pays. Ainsi, Muller guette Strasbourg, Gœthals guette Calais, Collé guettait Genève, c'est-à-dire Gex.

Les Genevois traversent la frontière par milliers pour voir gagner Collé :

— Je suis tombé dans une voiture, pardi ! Quel malheur, monsieur ! quel malheur !

— C'est une auto ?

— Non, un campagnard avec sa « bourrique ».

Collé me montre le certificat d'un docteur : « Enflure volumineuse au genou, plaies multiples »...

— Qu'est-ce que vous voulez que je fasse avec ça ?... Quel malheur ! C'est la course à la mort, ce travail-là !... Enfin, j'espère qu'on fera tout de même la souscription à Genève...

Collé a abandonné. Que voulez-vous que devienne sur la route cet homme qui ne peut plus avancer ?

Je le prends dans ma voiture.

Collé, en acceptant, a commis une grave faute, paraît-il.

Quand un coureur ne peut plus courir il doit au moins marcher ! Il est question de lui infliger cinq cents francs d'amende !

À sa place, je me serais tué sur le coup. Comme cela, il n'eût pas enfreint le règlement !

Voici la Lanterne rouge.

C'est le nom que l'on donne au dernier.

C'est Rho, dit toujours d'Annunzio.

Il est difficile de dire si Rho est plus maigre qu'obstiné. Rho remplace un boyau et semble réfléchir profondément.

— À quoi pensez-vous si fort ?

— J'y pense à signor Bazin...

M. Bazin est le chronométreur.

À 21 h 41' 3" 2/5, M. Bazin presse sur un petit

truc qui se trouve sur sa table, une montre de deux mille cinq cents francs. Alors il crie :

– Messieurs, le contrôle est fermé !

Il verrait d'Annunzio, à trois mètres, arriver ventre à terre, et lui faire le grand signe de la pitié et du désespoir, qu'il ne broncherait pas.

M. Bazin sait ce que représente, dans la vie, un dixième de cinquième de seconde.

M. Bazin est une espèce de coucou qui vit dans une horloge !

Rho était perplexe parce qu'il savait tout cela.

Sans le cœur de pierre de « signor Bazin », il eût trouvé le sport bien plus joli…

Le Petit Parisien, 13 juillet 1924

DE METZ À DUNKERQUE, SOUS LA PLUIE, CONTRE LE VENT. BELLENGER, VAINQUEUR DE L'ÉTAPE

Dunkerque, 18 juillet 1924

Et pour l'avant-dernier coup, ce fut une autre chanson. Elle dura vingt heures quarante-cinq exactement : ce fut certainement l'une des plus jolies de la tournée.

Cette autre chanson commença exactement à minuit juste, à Metz, et se termina à neuf heures moins un quart, ce soir, à Dunkerque. Prenons-la par son début.

Il pleuvait et le vent soufflait ; il faisait un temps à ne pas mettre un cochon d'Inde sur le balcon.

Traînant leur vélocipède, les coureurs, d'un pas mou, apparurent un à un et, sous un vent debout, le départ fut donné.

Voyez par vous-même ce que cela put produire des douze coups de la nuit à quatre heures du matin. Des hommes qui avaient froid partout, sur qui la pluie tombait et qui, dans la nuit, s'en allaient pédalant. C'était le spectacle.

Dès qu'il ne fit plus noir dans le ciel, il fit noir sur les hommes ; je veux dire que les hommes, qui étaient partis blancs à minuit, se trouvaient « nègres » à quatre heures du matin. Cela est si vrai que mon confrère belge ne put se retenir de leur crier :

– Eh bien, vous en avez des gueules !

Mais les coureurs ne répondirent pas.

Les coureurs avaient raison. Qu'auraient-ils pu dire quelques heures plus tard !

Cette fois, ce n'était pas de la poussière que leur envoyaient les autos, mais des jets de boue. Mes amis étaient devenus de jolis cocos !...

Il faisait de plus en plus sombre et triste.

Les routes du Nord étant pavées de cubes de pierres remarquables par leur irrégularité, les soixante pèlerins rescapés du Tour de France, tour que l'on appelle aussi « Tour de Souffrance », roulaient sur les trottoirs et en changeaient à chaque instant, comme s'ils cherchaient une place où ils auraient moins mal.

On traversait des pays dont les noms n'étaient pas inconnus : Sedan, puis Lille, puis Armentières.

Sur des plaques, on lisait Ypres, dix-sept kilomètres. Puis on franchit aussi l'Yser. Bref, cela nous rajeunissait de quelques années.

Ce n'était cependant pas à une guerre que nous assistions, mais à une course. À juger la chose sur l'extérieur, il n'y avait pas sur la face des acteurs une énorme différence.

Pendant la guerre, on envoyait Botrel sur le front, et Botrel donnait des concerts aux troupes. Aujourd'hui, c'est Biscot que nous avions dans une voiture. Biscot remonte le moral de nos hommes.

– Eh ! crie-t-il, après-demain, à la même heure, vous verrez la tour Eiffel.

La femme du jour est la grande-duchesse de Luxembourg. Son Altesse envoya cinq mille francs à Frantz, son compatriote.

– Ah ! dit Alavoine, une grande-duchesse, ça vaut bien mieux qu'un homme pour être président de la République.

La pluie a plusieurs effets ; entre autres, elle use les fonds de culotte. Bellenger a le derrière nu ; Bottecchia aussi, Tiberghien de même.

Alors Tiberghien crie au lot :

– Encadrez-nous quand nous traverserons Lille, à cause des demoiselles. On ne peut tout de même pas passer pour des dégoûtants !

La pluie avait cessé ; elle reprend. Le vent coupe la figure, les hommes roulent tête baissée ;

on dirait qu'ils sont maquillés comme des fakirs. La boue ne leur fait pas un masque, mais des dessins originaux sur tout le corps, et leur nez sert de rigole à l'eau qui tombe.

Hirson. Une vieille dame dit :

— Il faut que ces messieurs soient endurants pour faire des coups pareils !

Alors Bellenger répond :

— Nous sommes plus endurants que nos culottes ; autrement, sur quoi roulerions-nous, grand-mère ?

Thys n'avale pas cette journée.

On peut faire dix fois les « Six jours » ; c'est de la rigolade, dit-il, comparé au Tour.

Mottiat passe près de la voiture de Biscot.

— Eh ! Biscot ! crie Mottiat, t'as pas la rame aussi, parfois sur la scène ?

Cet après-midi, ils ont adopté un mot : tous disent :

— Nous sommes « ressemelés ! »

Cela signifie qu'ils ne sont plus tout neufs.

Gœthals est du Nord ; alors, ce soir, vers sept heures trente après vingt heures de selle, Cuvelier lui cria :

— Il est rien loin ton pays, mon vieux !...

Cinq minutes plus tard, Cuvelier tombait avant Bergues. Un motocycliste lui passa dessus et l'écrasa. Le Nord était encore plus loin que tu ne le supposais, petit Cuvelier !

Maintenant, faites vos jeux, tout va encore ; il reste une étape à couvrir.

Le Petit Parisien, 19 juillet 1924

PARTIS PLUS DE CENT CINQUANTE, ILS REVIENNENT SOIXANTE !...

Vous pouvez venir les voir, ce ne sont pas des fainéants.
Pendant un mois, ils se sont battus avec la route. Les batailles avaient lieu en pleine nuit, au petit matin, sous le coup de midi, à tâtons, dans le brouillard qui donne des coliques, contre le vent debout qui les couche par côté, sous le soleil qui voulait, comme dans la Crau, les assommer sur leur guidon. Ils ont empoigné les Pyrénées et les Alpes. Ils montaient en selle un soir, à dix heures et n'en redescendaient que le lendemain soir, à six heures, ainsi que l'on put le constater des Sables-d'Olonne à Bayonne, par exemple.

Ils allaient sur la route qui n'était pas à eux. On leur barrait le chemin. À leur nez, on fermait les passages à niveau. Les vaches, les oies, les chiens, les hommes se jetaient dans leurs jambes. Ce n'était pas le grand supplice. Le grand supplice les a pris au départ et les mènera jusqu'à Paris. Il s'agit des autos. Trente jours durant, ces voitures ont raboté la route sur le flanc des coureurs. Elles l'ont rabotée en montant, elles l'ont rabotée en descendant. Cela faisait d'immenses copeaux de poussière. Les yeux brûlés, la bouche desséchée ils ont supporté la poussière sans rien dire.

Ils ont roulé sur du silex. Ils ont avalé les gros pavés du Nord. Les nuits, quand il faisait trop froid, ils s'entouraient le ventre de vieux journaux : dans la journée, ils se jetaient des brocs d'eau sur leur corps tout habillé. Ainsi ils arrosaient la route jusqu'à ce que le soleil eût séché leur maillot.

Lorsqu'ils tombaient et qu'ils s'ouvraient le bras ou la jambe, ils remontaient sur leur machine. Au premier village, ils guettaient le pharmacien. Parfois c'était un dimanche, comme à Pézenas, et le pharmacien répondait : « Je ne suis pas de service. » Alors le coureur ne le secouait pas par la peau du cou, mais faisait : « Bien, monsieur ! » et reprenait sa longue route.

Vous allez voir arriver Bottecchia, ex-maçon dans le Frioul. Bottecchia ne vous regardera pas avec ses yeux, mais seulement avec le bout de son nez et le bout de son nez est avenant comme une lame de couteau.

Vous allez voir arriver Mottiat. Mottiat est de bleu vêtu. Il vous fera un sourire divin et vous regardera avec des yeux reconnaissants, comme si c'était vous qui veniez de fournir la course et de lui donner du plaisir.

Vous allez voir arriver Tiberghien. Je lui ai proposé de coudre sur son maillot les lettres d'amour qu'il trouva aux ravitaillements dans son sac, entre une cuisse de poulet et un rond d'andouillette de Vire. Mais Tiberghien m'a répondu : « Il me faudrait deux maillots. »

Vous allez voir arriver Frantz, ce garçon qui a fait l'admiration des sportifs, à accomplir le Tour de France comme vous avaleriez un verre d'eau. Il avait l'air de s'en aller sur sa machine tenant un livre à la main et lisant un roman d'aventures pour enfant. Je suis à peu près certain qu'il ne s'apercevra pas qu'il est à Paris et qu'il continuera de pédaler pendant encore sept ou huit mois.

Vous allez voir arriver Cuvelier et Alancourt. Ils sont terribles comme des roquets. Ils mordent aux pattes tout ce qu'ils trouvent devant eux, même de gros saint-bernard sportifs comme Brunero, Aymo et Lucien Buysse de Loothenhulle.

Vous allez voir arriver Alavoine, dit Jean XIII, roi de la « poisse ». La place d'Alavoine n'est pas sur les routes, mais à l'Académie française. L'Académie est une institution qui doit non seulement conserver la langue, mais aussi la rajeunir. Pour cette dernière tâche, Alavoine est son homme. Allez me chercher un écrivain, un maréchal, un duc, un avocat, un poète qui, pendant l'ascension des Pyrénées, travaillé par le mal de mer et devant vous dire : « C'est triste d'éprouver un si grand malaise au cours de la plus rude étape », s'écriera : « C'est décolorant, pour une étape méchante, d'être pompé par un inconvénient de cette superficie ! »

Vous allez voir arriver Rho. Regardez-le bien, il porte le numéro 268. C'est d'Annunzio lui-même.

Vous verrez Garby, de Nevers, qui pleurait dans les Pyrénées. Vertemati, qui ne se nourrit pas à moins de trois poulets, douze œufs et deux gigots par jour. Vertemati n'est pas gras. Et vous verrez Kamm, qui, depuis le début, tout en pédalant, me confie ses projets d'avenir. Il fut vendeur au *Petit Parisien* dans les temps anciens. C'était un beau destin.

– Eh ! monsieur, me cria-t-il au début, entre Brest et les Sables, est-ce que je pourrais y revenir ?

Entre Perpignan et Toulon, il s'approcha de mon véhicule.

– Pour le poste de vendeur n'est-ce pas, si je pouvais être désigné dans l'Orne, vu que j'y ai de la famille, vous me feriez plaisir.

Entre Nice et Briançon :

– Je demande le département de l'Orne si c'est

possible, autrement je prendrais ce qu'on me donnera.

Hier, à Dunkerque, alors qu'il était onze heures du soir, un touriste routier rappliquait à toute allure par une rue noire. Il vit l'ombre d'un homme.

– Le contrôle criait-il, ousqu'est le contrôle ?

Ce routier avait peur que M. Bazin eût fermé sa boutique. M. Bazin est le chronométreur qui possède sur sa montre une aiguille merveilleuse, aiguille qui s'appelle « dédoublante-rattrapante » et qui est la guillotine des coureurs.

C'était Kamm et il me reconnut.

– Pensez à ma place au *Petit Parisien* ! criait-il dans le désert de la ville et filant à trente-cinq à l'heure !

Mais il en est que vous ne verrez pas.

Une soixantaine de « lanternes rouges » se sont perdus autour de la France. On ne sait ce que ces hommes sont devenus. Ils cassaient leur roue et de préférence la nuit. Pour demander du secours, ils n'avaient que les étoiles, quand encore elles étaient là ! Ils sont partis, ils n'arriveront pas. Où sont-ils ?

D'autres ont quitté, épuisés, tel cet Archelais. Pendant six étapes, il marche, obstiné. Il regrettait visiblement que les as n'eussent pas de jaquette pour s'accrocher aux pans. Puis, un jour qu'il voulait encore continuer – dans les Pyrénées, je crois –, Archelais n'a pas pu. Il tomba, il remonta sur sa machine. Ce fut en vain. Il n'y avait plus d'huile dans la lampe. Alors, plein de fureur, il saisit sa bicyclette et la jeta contre un talus.

Quelques-uns finissaient bien les étapes, mais le contrôle était fermé quand ils arrivaient. Ils étaient hors de course. Ainsi, à Perpignan, vers une heure dix du matin :

— C'est-i le contrôle ? demande un routier tombant de sa bicyclette.

— Oui, mais il est fermé.

Alors, le gars pleura tout haut.

— Faut pas pleurer, mon petit, dit un buveur de bière installé au café ; t'es aussi brave que les autres, t'as fait ce que t'as pu.

Il y eut aussi les défaillants genre Curtel. Curtel, après huit cents kilomètres, n'ayant gagné que six francs cinquante, déclara qu'il serait mieux à la « meuson ».

Vous ne verrez pas Ugaglia, ni Huot ; des voitures les ont « rectifiés ».

Mais vous verrez la grande douleur de Thys et d'Alavoine.

C'était leur dernier « Tour ». Ils s'étaient préparés pour le gagner. Ils voulaient finir en beauté. La chance et Bottechia ne l'ont pas voulu.

— Oh ! c'est triste ! me disait Thys, roulant hier à côté de moi.

Alors Alavoine, qui suivait, laissa tomber, sans relever la tête :

– Oui, c'est bien triste, après quinze ans de « rame » consciencieuse, de dételer comme une vieille bique dans la poussière du vainqueur.

Le Petit Parisien, 20 juillet 1924

Copyright © 2021 par FV Éditions
Cover Design : FVE
ISBN - Ebook : 9791029911590
ISBN - Livre broché : 9798706582357
ISBN - Livre relié : 9791029911606
Tous Droits Réservés

Également Disponible

www.ingramcontent.com/pod-product-compliance
Lightning Source LLC
LaVergne TN
LVHW091536070526
838199LV00001B/88